Hábitats

William B. Rice

Asesoras

Sally Creel, Ed.D.
Asesora de currículo

Leann Iacuone, M.A.T., NBCT, ATC
Riverside Unified School District

Créditos de imágenes: pág.2 Jeff March/Alamy; págs.24–25 (fondo) Christoph Bosch/age fotostock; pág.25 (superior) F Hecker/age fotostock; pág.4 (superior) Spirit/age fotostock; págs.9 (superior), 11 (superior), 18–19, 21, 31 iStock; págs.28–29 Janelle Bell-Martin (ilustraciones); todas las demás imágenes cortesía de Shutterstock.

Teacher Created Materials
5301 Oceanus Drive
Huntington Beach, CA 92649-1030
http://www.tcmpub.com
ISBN 978-1-4258-4661-9

Contenido

En la parada del autobús

Estás esperando en la parada del autobús y ves un hipopótamo caminando por la calle. ¡Te sorprendes! No es que el hipopótamo sea demasiado grande para el autobús. ¡Es simplemente que el hipopótamo no pertenece en tu calle! Tu calle no es el **hábitat** del hipopótamo.

¿A dónde pertenece?

El hábitat real del hipopótamo es un pastizal con agua tranquila.

La piel de un hipopótamo desprende un aceite rojo que actúa como protector solar.

AUTOBÚS ESCOLAR

¿Qué es un hábitat? Es el hogar de un ser vivo. Puedes comparar un hábitat con la dirección de un ser vivo.

Cada ser vivo tiene un lugar que es lo mejor para él. El lugar tiene lo que ese ser vivo necesita. Puede vivir bien ahí.

Las estrellas de mar tienen muchos hábitats. Crecen muy bien a lo largo de costas llenas de arena.

¿Qué conforma un hábitat?

El hábitat adecuado para un ser vivo tiene justo lo que este necesita para vivir bien. O sea, la tierra, el agua, el alimento y la luz adecuados. También significa el **clima** adecuado. ¡Y significa los **depredadores** correctos!

Depredadores

Los depredadores son animales que viven de matar y comer **presas**.

Una rana arborícola vive en un hábitat de bosque tropical.

Los lagartos viven en el desierto, donde sienten el calor del sol.

Los seres que viven en el suelo necesitan el tipo adecuado de tierra. Las plantas necesitan tierra para crecer. Los animales necesitan plantas para alimentarse. ¡O se comen los animales que comen las plantas! Los animales también necesitan el tipo correcto de suelo para su **refugio**.

Las plantas y los animales también necesitan agua. Es posible que necesiten agua dulce. Pueden necesitar agua salada. Las plantas y los animales deben vivir en hábitats que tengan suficiente agua del tipo adecuado.

Este pájaro bebe agua dulce de un río.

Los tejones cavan madrigueras en la tierra.

Un cactus de barril crece mejor en un suelo arenoso.

En el otoño, las ardillas almacenan alimento en sus madrigueras para comer durante el invierno.

Los seres vivos también necesitan el tipo correcto de alimento. Las plantas necesitan **nutrientes** de la tierra. Las plantas también necesitan **energía** del sol. La luz las ayuda a crecer. Algunos animales comen plantas. Otros comen carne. Otros comen las dos cosas. Necesitan mucho alimento durante el año para vivir.

Los seres vivos necesitan luz y energía del sol.

¿Los depredadores adecuados?

Si hay muchos animales de un tipo en un hábitat, no habrá suficientes recursos para todos. Los depredadores evitan que grupos de animales se vuelvan demasiado grandes.

Cada ser vivo tiene un clima que es mejor para su **salud**. Algunos seres viven bien en climas cálidos y secos. Otros seres se desarrollan bien en climas cálidos y húmedos. Algunos seres viven mejor en climas fríos.

A los escorpiones les gusta vivir en un clima desértico seco.

Los seres vivos **evolucionan** para vivir en ciertos climas. A algunos animales les crece un pelaje grueso para el frío. Algunas plantas desarrollan raíces profundas para poder llegar al agua. ¡Los seres vivos tienen muchas formas asombrosas de sobrevivir!

Las plantas en el suelo de un bosque tropical generalmente tienen hojas grandes para recibir la mayor cantidad de luz solar posible.

¿Dónde viven?

Cada ser vivo tiene un hábitat adecuado para sí mismo. ¿Puedes deducir por qué un hábitat es adecuado?

Langostas

Las langostas se encuentran en todos los océanos. Viven en el suelo oceánico, en su mayoría cerca de la costa. Viven en grietas y madrigueras en áreas rocosas, arenosas o con lodo. Comen plantas y animales marinos.

Las langostas tienen caparazones duros que las protegen. A medida que crecen, mudan los caparazones y desarrollan nuevos.

¡Un hábitat sorprendente!

Un **parásito** es un ser vivo cuyo hábitat es un cuerpo huésped. El huésped es otro ser vivo. El parásito sobrevive al vivir de un huésped, como este parásito adherido a un pez.

Los corales cerebro se encuentran en la mayoría de los océanos del mundo.

Corales cerebro

Los corales cerebro son pequeños animales oceánicos. Viven en grupos de corales en el suelo oceánico. Les gusta el agua cálida y poco profunda. Se quedan en un lugar. Su alimento flota en el agua. Otros animales agitan el agua. Entonces, el agua del océano se mueve. Así, les lleva el alimento.

día

Tentáculos

Durante el día, los corales cerebro se envuelven a sí mismos en sus tentáculos para mantenerse a salvo. Por la noche, estiran los tentáculos para atrapar alimento.

noche

Pinos longevos

Los pinos longevos son árboles resistentes. Crecen alto en las montañas de áreas secas. Crecen lentamente porque ahí hace frío y viento. Su madera es gruesa y tiene mucha savia. Esto los mantiene a salvo de las pestes. La tierra donde crecen tiene pocos nutrientes.

Los pinos longevos pueden vivir más de 5,000 años.

Arañas viuda negra

Las arañas viuda negra se encuentran en toda la Tierra. Viven debajo y detrás de objetos grandes. Les gustan los lugares oscuros, fríos y húmedos. Tejen telarañas con su seda pegajosa. Comen insectos que quedan atrapados en la telaraña.

Las arañas viuda negra son mayormente negras, con una figura roja en forma de reloj de arena en el abdomen.

¡Cuidado!

Si ves una araña viuda negra,
aléjate y cuéntale a un adulto.
¡Sus picaduras son peligrosas!

Mapaches

Los mapaches viven sobre todo en los bosques. Sin embargo, son inteligentes y no son quisquillosos. Han aprendido a vivir en muchos lugares. ¡Incluso viven en las ciudades! Viven en pequeños grupos familiares. Comen plantas y animales. Usan las patas delanteras casi como las personas usan las manos.

Los mapaches son buenos para encontrar alimento en cualquier lugar.

Las patas del mapache pueden hacer muchas cosas.

En el hogar

Cada ser vivo tiene un hogar adecuado para él. El hogar tiene lo que las plantas y los animales necesitan para estar saludables y bien.

Cada uno de nosotros pertenece a su propio hábitat. Si alguna vez ves un hipopótamo subiéndose a un autobús, ¡dile que vuelva a su hábitat!

Los osos polares tienen un pelaje grueso que es perfecto para un hábitat frío y cubierto de hielo.

Esta mangosta vive en un hábitat rocoso donde puede comer pequeñas serpientes y pájaros.

¡Hagamos ciencia!

¿Puedes crear un hábitat? ¡Obsérvalo por ti mismo!

Qué conseguir

- ○ agua
- ○ carbón activado
- ○ frasco grande de vidrio con tapa
- ○ grava

- ○ helechos
- ○ musgo
- ○ tierra para cultivo

Tierra

grava

musgo

helechos

carbón

Qué hacer

1 Cubre el fondo del frasco con una pulgada de grava. Agrega una capa delgada de carbón. Agrega una capa de tierra de dos a tres pulgadas de profundidad.

tierra

carbón

grava

2 Planta pequeños helechos y musgo. Planta las plantas más grandes primero.

helechos

musgo

3 Riega las plantas solo un poquito. Coloca la tapa para mantener el agua en el interior. (Necesitarás agregar solo unas pocas gotas de agua cada dos o tres meses).

tapa

agua

4 Coloca el frasco a la luz natural, pero que no le dé la luz directa. Observa tu hábitat. ¿Qué crees que ocurrirá si cambias algo en su interior? Cuéntale a un amigo.

Glosario

clima: el tipo habitual de tiempo atmosférico que tiene un lugar

depredadores: animales que viven de matar a otros animales y comérselos

energía: potencia que puede usarse para hacer algo

evolucionan: cambian lentamente con el tiempo para volverse más fuertes y mejor adaptados a determinadas condiciones

hábitat: el lugar donde algo vive

nutrientes: sustancias que necesitan las plantas, los animales y las personas para vivir y crecer

parásito: un ser vivo que vive en otro ser vivo o sobre este y recibe alimento o protección

presas: seres vivos que son cazados por otros seres vivos para servir de alimento

refugio: un lugar que cubre o protege a las personas o a las cosas

salud: bienestar

Índice

¡Tu turno!

Diferentes hábitats

Existen muchos hábitats diferentes en tu vecindario.
Busca dos hábitats diferentes. ¿En qué se parecen? ¿En
qué se diferencian? Haz un dibujo de cada hábitat, uno al
lado del otro.